세상에 대하여
우리가
더잘 알아야 할
교양

65

지은이 | 옮긴이 소개

지은이 **필립 스틸**
영국에서 태어나 현대 언어를 전공하고, 런던의 여러 출판사에서 편집자로 일했습니다. 역사, 청소년 전기, 민족, 문화 등 다양한 주제의 책을 썼습니다. 저서로는 《피라미드는 왜 뾰족할까요? – 왜 그런지 정말 궁금해요 11》《나라마다 왜 국기가 있을까요? – 왜 그런지 정말 궁금해요 23》《로마제국 – 신나는 역사 여행 03》《이집트 – 신나는 역사 여행 04》《고대 이집트의 비밀 미라 – 어린이 디스커버리 10》《언론의 자유 – 논술 쑥쑥 어린이 인권여행 04》《아이작 뉴턴 – 세상을 변화시킨 위대한 과학자》《무서운 지구 – 지식의 숲 04》(공저) 《마리 퀴리 – 과학의 방향을 바꾼 소녀》《갈릴레오 갈릴레이 – 우주의 중심을 바로잡은 천재과학자》《종이로 만드는 기차의 역사》(공저) 등이 있습니다.

옮긴이 **정민규**
성균관대학교에서 신문방송학을 전공하고, 고려대학교에서 온라인 커뮤니케이션으로 석사학위를 받았습니다. 작가, 번역가, 편집자로 활동하고 있습니다. 저서로 《마음에 닿기를》《일상 통찰》이 있고, 역서로 《순간을 소유하라》《스탑 스모킹 플랜》이 있습니다.

세 상에 대하여
우리가
더잘 알아야 할
교양

필립 스틸 글 | 정민규 옮김

65

인구 문제

숫자일까, 인권일까?

내인생의책

차례

※ 본문의 **굵은 글씨**로 표시된 단어는 93페이지 용어 설명에서 찾아보세요.

갈수록 인구가 급증해 결국 1가구 1자녀 산아제한법으로 인구 증가를 억제하는 사회.

태어나서는 안 될 일곱 쌍둥이가 태어났습니다. 아무도 모르게 이들을 키우기로 한 외할아버지는 일곱 쌍둥이에게 각각 먼데이, 튜즈데이, 웬즈데이, 써스데이, 프라이데이, 새터데이, 선데이라는 이름을 지어 줍니다. 그리고 그들의 정체가 발각되지 않고 모두가 다 살아남을 수 있도록 세 가지 엄격한 규칙을 만듭니다. 첫째, '카렌 셋맨'이라는 하나의 이름으로 살아갈 것. 둘째, 자신의 이름에 해당하는 요일에만 외출할 것. 셋째, 밖에서 한 일은 모두와 공유할 것.

이 규칙대로 살아온 지 30년. 때는 2073년 어느 월요일, 평소처럼 출근했던 '먼데이'가 연락도 없이 사라졌습니다. 일곱 쌍둥이는 이제 하나의 이름 뒤에 숨어 있을 수 없게 된 것입니다. 영화 《월요일이 사라졌다》의 줄거리입니다. 영화는 기상천외한 내용으로 전개되지만, 그 아이디어는 지극히 '현실적인' 인구 문제에서 가져온 것입니다.

우리는 인구 문제를 늘 피부로 느끼고 있지요. 이 나라, 저 나라, 이 도시,

■ 영화 《월요일이 사라졌다》의 한 장면. 자료 제공: (주)퍼스트런

저 도시를 보세요. 곳곳에 수많은 사람이 있습니다. 세계 인구는 가파르게 늘어나 사람이 없는 곳이 거의 없을 정도이지요. 고속도로는 항상 차량으로 꽉 막혀 있습니다. 대부분의 소도시는 사람들이 붐비는 거대도시로 성장했고요. 사람들이 여기저기 허둥지둥 다니는 모습을 보노라면 우리의 행성 지구는 개미집처럼 바빠 보입니다. 요즘은 에베레스트산을 오르려고 해도 줄을 서서 기다려야 할 지경이에요. 왜 이렇게 되었냐고요? 100년 넘는 세월 동안 지구의 인구가 치솟았기 때문입니다.

인류가 수렵 채집에서 농업으로 식량 생산 방식을 바꾸면서 1만 년 전 300만 명 정도이던 인구는 서서히 늘어나기 시작했습니다. 노동력에 전적으로 의존하는 농업 사회에서 인구는 곧 노동력이었습니다. 사람들은 생산량 증가를 위해 인구를 늘리려고 애썼습니다. 농기구 발달로 농업 생산성이 향상하자 2,000여 년 전 2억~3억 명 수준이던 인구는 1500년에 이르러 5억 명

▌ 전 세계적으로 1분에 250명의 아기가 출생하고, 105명이 사망한다.

으로 늘어났습니다. 산업혁명을 전후한 1800년대에는 9억 명을 기점으로 아주 빠른 속도로 증가했습니다. 그로부터 100년 만인 1900년에는 거의 두 배인 16억 명을 돌파했어요. 다시 100년 후인 2000년에는 4배에 달하는 60억명, 이후 15년 만에 13억이 늘어나 2015년에는 73억 명에 달하게 되었죠. 국제연합(UN)의 인구 예측에 따르면 2060년대에 세계 인구는 100억 명을 넘을 것으로 전망됩니다. 인류 역사를 놓고 보면 세계 인구가 매우 짧은 시기에 기하급수적으로 늘어난 셈입니다. 그렇다면 지구에는 이렇게 많은 사람이 살기에 충분한 공간이 있을까요? 그리고 살아가는 데 있어 가장 중요한 '삶의 질'은 보장되는 걸까요?

1968년 결성된 로마클럽(The Club of Rome)은 전 세계 석학과 기업가, 정치인 등 지도자들이 모여 인류와 자원, 환경을 주제로 지구의 미래를 연구하는 비영리 연구 기관입니다. 로마클럽은 1970년부터 2년 동안 첫 번째 사업으로 '인류의 위기에 관한 프로젝트'를 진행했어요. 열두 가지 변수(오염 수준, 인구 증가, 자원 이용 등)를 바탕으로 100년 후 미래를 예측했는데, 충격적인 연구 결과가 나왔습니다. 2020년은 인류 문명에 변화가 일어나는 정점이며, 2040~2050년경에는 인류가 멸망할 것으로 예측되었지요. 연구팀은 "현재와 같은 추세로 세계 인구 증가와 산업화, 환경 오염, 식량 생산, 자원 약탈이 지속한다면 지구는 앞으로 100년 안에 한계에 도달할 것이다. 아마 그때가 되면 가장 먼저 인구와 산업 생산력이 돌이킬 수 없을 정도로 급락할 것"이라고 밝혔습니다. 이 연구 결과를 토대로 1972년 발간된 책이 바로 《성장의 한계(The Limits to Growth)》입니다.

당시 연구에서 핵심 역할을 담당한 것은 각종 데이터와 이론을 통합하기 위해 구축한 컴퓨터 모델 '월드 3'였습니다. 당시만 해도 학계와 언론계는 연구 결과에 대해 "임의적 자료 조작에 따른 컴퓨터의 임의적 추측"이라며 거세게 비판했지요. 하지만 2014년 월드 3 프로그램에 업데이트된 변수를 넣어 결과를 다시 계산한 호주 멜버른대학교 연구자 그레이엄 터너는 "결과 예

전문가 의견

지속 가능한 발전을 위해서는 우선 인구가 안정화되어야 한다.

– 코피 아난 1997~2006년 제7대 유엔 사무총장

집중탐구 평균 수명과 인구 증가

전 세계 사람들 대부분이 더 건강하게, 더 오래 살고 있습니다. 역사적으로 보면 신석기 시대의 평균 수명은 20세밖에 되지 않았어요. 청동기와 철기 시대에는 26세를 넘지 못했고, 그리 오래되지 않은 1900년대에도 31세에 불과했지요. 그러나 1950년에는 48세로 부쩍 늘어났고, 2010년에 이르러서는 68세에 달했습니다. 1만 년 동안 겨우 10년가량 평균 수명이 늘어났는데, 최근 100년 사이에는 무려 37년이나 늘어난 셈입니다. 이처럼 평균 수명이 획기적으로 늘어나면서 불과 100년 사이 인구가 두 배나 증가할 수 있는 조건이 마련되었습니다.

측이 크게 달라지지 않았다"라면서 "인류는 종말의 끝에 서 있다"라고 밝혔습니다. 실제로 오늘날 급속한 지구 온난화로 인해 기상 이변이 속출하면서 당시의 비판이 얼마나 성급했는지 입증되고 있어요.

1987년에는 유엔 세계환경개발위원회(WCED) 보고서 〈우리 공동의 미래(Our Common Future)〉, 일명 브룬트란트 보고서를 통해 '**지속 가능**한 발전(Sustainable Development)'이라는 개념이 국제 사회에 등장했습니다. 이 보고서는 하나뿐인 지구의 과도한 개발을 제한해야 한다고 주장해 미래 세대를 위한 기성세대의 책무를 새롭게 인식하는 계기가 되었지요. '지속 가능한 발전'이란 현세대의 필요를 충족하되 미래 세대의 가능성을 파괴하지 않고, 주변 환경과 조화를 이루며 개발하는 방식을 의미합니다. 그러나 그 이후로도 인류는 자원을 지나치게 소비하고 환경을 파괴하면서 성장 중심의 경제 활동을 이어 가고 있지요. 지구는 몸살을 앓고 있습니다. 인구 문제를 논의할 때 우리는 반드시 지구 환경의 '지속 가능성'을 생각해야 합니다.

시간이 갈수록 점점 더 많은 사람이 지구에서 살아갑니다. 그 결과 인류는 앞으로 수많은 새로운 도전을 맞닥뜨릴 것입니다. 그중에서도 환경 문제에 주목해야 합니다. 지구 온난화 현상으로 지구는 점점 더 따뜻해지고 있어요. 전 지구상에 영향을 주는 **기후 변화**의 시대에 우리는 인구 문제를 향해 다음과 같은 질문을 던져야 합니다. 그 많은 사람에게 물과 식량을 충분히 공급할 수 있을까? 자원은 적절하게 분배될까? 인구 증가가 환경에 미치는 영향은 무엇일까? 이미 전쟁과 자연재해, 빈곤으로 수많은 사람이 고국에서

▌ 1950년만 해도 세계 인구의 30퍼센트만이 도시에 살았다. 오늘날에는 세계 인구의 절반 이상이 도시에 거주한다. 2050년이 되면 세계 인구의 3분의 2가 도시에서 살 것이다.

도망쳐 새로운 거처를 찾고 있는데, 이 같은 대규모 이동이 또 다른 문제를 일으키진 않을까?

세계 인구는 점점 늘어나고 있습니다. 여러 지역에서 인구 과잉 현상이 나타나지만, 이용 가능한 자원은 제한되어 있습니다. 인구 문제에 관한 토론이 폭넓게 이루어져야 합니다. 과학, 경제, 정치, **윤리** 문제가 얽혀 있으니까요. 우리가 인간으로서, 그리고 살아 있는 행성의 일부로서 모든 문제를 살

사례탐구 텅 빈 채 버려진 땅

▌사막으로 변하는 초원.

도시에는 많은 사람이 몰려드는 반면, 몽골과 같은 황무지는 거의 버려지다시피 방치됩니다. 이런 지역은 사람이 살기에는 환경이 몹시 혹독하거나, 너무 외딴곳에 있으며, 세상과 단절되어 있지요. 몽골의 초원은 사막화되고 있는데다 매우 춥습니다. 결국, 인구의 절반 정도인 150만 명이 수도 울란바토르로 몰려들었어요. 도시 외곽에 자리 잡은 시민들은 전통 가옥인 게르를 짓고 영하 40도 추위에서 살아남기 위해 석탄 원석과 폐목, 폐타이어로 난방을 했습니다. 이는 곧 대기 오염으로 이어져 울란바토르는 겨울철에 '연기의 도시'로 불리는 지경입니다.

피고 함께 협력할 방법을 찾아봅시다. 이 책에서 우리는 인구 문제의 여러 가지 측면을 헤아려보고 관련 사안을 탐구하고 토론할 것입니다. 제기하고 논의해야 할 중요한 질문들에 대해 이야기해 봅시다.

1장 인구는 곧 인간이다

뉴스를 보면 인구 '폭발'을 자주 이야기합니다. 여러분은 왜 그런지 알 겁니다. 4초마다 한 명씩 세계 어딘가에서 아기가 태어납니다. 1800년에 세계 인구는 10억 명이었습니다. 1960년에는 30억 명이었고, 2018년에는 76억 명입니다. 기하급수적인 인구 증가에 따라 오늘날 인구수는 이제껏 지구에 살아온 모든 사람 수의 7퍼센트에 육박합니다.

▌ 이 그림은 흑사병에 대한 공포를 보여 준다. 흑사병은 1340년대부터 1350년대까지 아시아와 유럽을 황폐화했다. 흑사병으로 적게는 8,500만 명에서 많게는 3억 명이 사망했다.

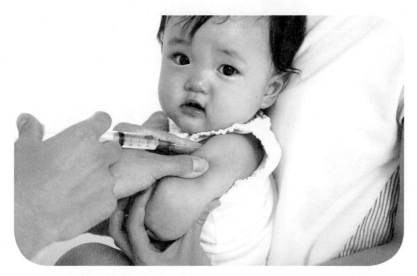

■ 예방 접종으로 수백만 명이 질병으로부터 보호받는다. 천연두와 같은 질병은 지구상에서 사라졌다.

인구 폭발에 대한 두려움은 2,500년 전부터 있었습니다. 지금으로부터 1,700년도 더 이전, 세계 인구가 1억 9천만 명에 지나지 않았을 때 북아프리카의 작가 터툴리안(Tertullian)은 "이미 이 행성은 부양할 사람들이 너무 많다."라고 말했어요.

고대에는 인구 감소 역시 굉장한 걱정거리였습니다. 전쟁과 기근, 전염병창궐, 출산 중 사망 등으로 인해 인구수가 곤두박질치기도 했지요. 하지만 오늘날엔 식량 증산, 분쟁 감소, 의학과 건강 관리의 발달에 힘입어 더 오래 살 것이라 기대합니다.

오늘날 세계 **인구 증가율**은 1.13퍼센트예요. 1970년 최고치인 2.1퍼센트에 비해 많이 떨어졌죠. 전 세계적인 규모로 보자면, 인구 증가율은 감소하고 있습니다. 하지만 인구는 여전히 많아요. 증가율이 떨어졌다고 해도 증가 추세입니다. 유엔은 세계 인구가 2050년까지 97억 명, 2100년까지 112억 명에 이를 것으로 내다봅니다. 인구수가 정점을 찍고 나선 그 숫자가 계속 유지될 것으로 예상합니다. 그러나 영향력을 정확히 예측할 수 없는 요인들이 많이 남아 있습니다.

인구의 규모, 분포, 구성 그리고 출생, 사망, 이주, 사회적 이동을 통한 변화 양상을 연구하는 학문을 인구 통계학이라고 합니다. 어디에 몇 명이 사는지 조사해 인구를 공식적으로 계산하는 일은 **인구 조사**(Census)라고 부르지요. 현재까지 알려진 가장 오래된 인구 조사는 6,000년 전 바빌론에서 시행한 것입니다. 식량이 얼마나 필요한지 알아보려고 조사한 것이었어요.

근대적 의미의 인구 조사는 1795년 네덜란드, 1800년 프랑스, 1801년 영국에서 이루어졌어요. 19세기 들어 오늘날과 같은 인구 조사가 유럽 지역을 중심으로 활발하게 실시되었지요. 2010년 기준으로 세계 233개 국가 중 224개

숫자로 살펴보기

2017년 중국의 인구는 13억 8,823만 3,000명으로 추산합니다.

2022년까지 인도는 중국을 따라잡아 세계에서 가장 인구가 많은 나라가 될 것으로 예상돼요.

국가, 즉 전체 국가의 96%가 인구 조사를 시행합니다. 국가에 따라 5년 또는 10년에 한 번 실시해요.

2011년 인도의 인구 조사 결과 12억 1,085만 4,977명이 등록되었습니다. 2001년 이래로 17.7퍼센트가 증가했어요. 인구 조사를 위해 데이터 수집가 수천 명이 집집마다 찾아갔습니다. 오늘날의 인구 조사는 단순히 수를 세는 것 이상의 의미를 갖습니다. 보통 나이와 성별, 주거 여부, 글을 읽고 쓸 줄 아는 능력, 민족, 언어, 직업에 관해 묻습니다. 그다지 쓸모도 없는 질문을 너무 많이 한다며 불평하는 이들도 있어요. 하지만 이 모든 정보는 병원과 학교, 주택, 도로, 공장을 지을 때 사회적, 경제적으로 효율적인 계획을 세우는 데 쓰입니다.

인구 조사, **공중 보건**과 같은 자료는 수학적 모형화를 위한 자료로 사용합니다. 컴퓨터로 인구 성장률과 인구수의 정점, 하락 등 미래 인구 동향을

1㎢당 인구

| 국가별 인구 밀도(2015)

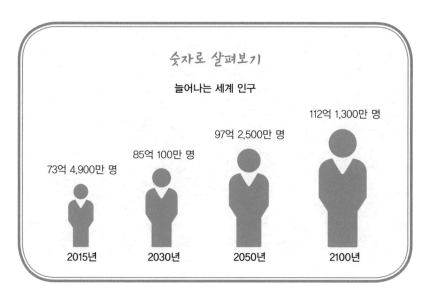

숫자로 살펴보기

늘어나는 세계 인구

112억 1,300만 명

97억 2,500만 명

85억 100만 명

73억 4,900만 명

2015년 2030년 2050년 2100년

산출하는 것이죠. 경제와 환경 변화도 계산에 포함되어야 할 요소입니다. 여러 지역과 국가의 **인구 밀도**를 파악해, 정치인과 정부 기관은 어느 지역에 어느 정도의 자원이 필요한지 결정합니다.

누가, 어디서, 언제?

수치화만으로 충분한 걸까요? 우리는 미래의 인구 증가 추산치가 정확한지 어떻게 판단할 수 있을까요? 유엔은 세계 총인구가 2030년엔 84~86억 명, 2100년엔 95~133억 명에 이를 확률이 95퍼센트라고 추산했습니다. **출생률**은 여전히 높으며, 금세기가 끝나기 전에 인구수가 현재 상태를 유지하거나 하락할 가능성은 23퍼센트입니다.

▌ 도시 계획가들은 홍콩에 있는 타워처럼 고밀도로 꾸며진 고층 아파트를 건설해 인구 증가 문제를 극복하려 한다.

▌ 교육은 인구 증가율을 낮추는 데 핵심적인 역할을 한다. 아이들은 집에 앉아 삶과 씨름하는
대신 교육을 통해 바깥세상과 직업 그리고 기회에 관해 더 많이 배울 수 있다.

큰 그림은 우리가 더 자세히 볼 때만 의미를 갖기 시작합니다. 오늘날 세
계 인구에서 가장 큰 비중을 차지하는 아시아의 자녀 수는 이미 감소하기 시
작했습니다. 유럽의 여러 선진국에서는 사람들이 다른 지역보다 더 장수하
고 있습니다. **이민**자의 유입이 증가하고는 있지만, 아이를 양육하는 젊은 층
이 줄어들면서 유럽 인구는 감소할 예정입니다.

현재 어머니 한 명당 2.5명으로 집계되는 전 세계 평균 자녀 수는 이번 세
기말에 2명까지 줄어들 것입니다. 앞으로 가장 큰 인구 증가세를 보일 곳은
아프리카입니다. 2050년을 기점으로 아시아의 인구 증가는 정체되지만, 아
프리카의 인구는 계속 증가할 것으로 보입니다. 2018년 현재 10억 명인 아
프리카 인구가 2050년에는 세계 인구의 25%인 25억 명, 2100년에는 40%인

집중탐구 한국, 일본의 저출산과 고령화

한국과 일본에서 저출산과 고령화가 심각한 사회 현상으로 대두된 지 오래
입니다. 특히 한국의 출산율은 전 세계적으로도 낮은 편입니다. 2017년 기준
일본의 합계출산율은 1.43명, 한국의 경우는 1.05명으로 한국이 일본보다 훨
씬 낮아요. 합계출산율은 한 여성이 가임 기간(15~49세) 안에 낳을 것으로 기
대되는 평균 출생아 수를 의미합니다.

한국은 저출산 문제를 극복하고자 기혼 가구의 양육 부담을 줄이고, 주거
대책을 강화하며, 출산 양육 지원 정책을 늘리고 있습니다. 일본은 저출산을
국난으로 규정하고 인재 양성과 생산성 향상을 두 축으로 삼는 경제 정책을
도입했어요.

두 나라의 고령화 문제도 심각한데, 이 역시 한국이 더 다급합니다. 유엔은
고령 인구 비율이 7%를 넘으면 고령화 사회, 14%를 넘으면 고령 사회, 20%
이상이면 초고령 사회로 분류합니다. 한국은 2000년 고령화 사회에 진입한
지 17년 만에 고령 사회로 들어섰어요. 고령화 속도가 가장 빠른 것으로 알
려진 일본도 1970년 고령화 사회에서 1994년 고령 사회로 들어서는 데 24년
이 걸렸지요. 한국의 고령 사회 진입 속도는 프랑스(115년), 미국(73년), 독일
(40년) 등 다른 선진국들과 비교해도 확연히 앞섭니다. 노년 인구 증가는 독
거노인 증가, 경제 활력 저하 등 다양한 사회 문제를 초래합니다.

45억 명까지 증가할 것으로 유엔은 전망합니다. 아프리카에는 젊은 사람
이 가장 많습니다. 하지만 기대 수명이 짧은 탓에 고령 인구는 가장 적지요.
2010~2015년 아프리카 평균 출산율은 4.7명으로 세계 평균 출산율인 2.5명
보다 훨씬 높은 수준이며, 1세 이하 인구 비중은 41%로 세계 평균 대비 26%

높습니다. 그러나 2100년에 이르면 아프리카도 출산율이 4.7명에서 2.2명으로 줄어들 것으로 보입니다.

　이미 아프리카는 심각한 기아 문제로 고통을 겪고 있습니다. 2017년 유엔 식량농업기구(FAO)는 아프리카 인구의 6분의 1이 넘는 2억 4,300만 명이 기아에 시달린다고 추산했습니다. 주요 원인 가운데 하나는 낮은 농업 생산성입니다. 아프리카의 식량 자급량은 절반에도 미치지 못합니다. 나머지는 수입이나 원조에 의존해야 해요.

숫자로 살펴보기

세계 인구 분포 현황을 살펴보아요.

세계
75억 명
5억 1,010만 km²

북미
3억 6,300만 명
2,449만 km²

남미
(카리브해 지역 포함)
6억 4,800만 명
1,748만 km²

유럽
7억 4,300만 명
1,018만 km²

아프리카
13억 명
3,037만 km²

아시아
45억 명
4,382만 km²

오세아니아
4,100만 명
850만 km²

인구(2017년 추정치)
면적 km²

출산율에 영향을 주는 요인에는 무엇이 있을까요?
- 더 나은 영양 상태
- 교육 수준
- 빈곤 감소
- 여성 권리 증진
- 질병
- 전쟁과 내전
- 기근

군중 속 개인의 얼굴

국가별로 수치화한 인구 지도를 그려 보아도 인구 문제에 관한 모든 것을 이야기하진 않습니다. 세상엔 지도 위의 색깔보다 더 많은 나라가 존재하지요. 자연 세계에는 강과 해안선, 산맥 이외에 다른 경계선이 없습니다. 국가와 제국의 발명품인 국경은 때때로 주민들의 문화, 언어, 역사와 아무 연관성이 없지요.

70억 세계 인구는 곧 70억 명의 개인을 의미합니다. 이들은 모든 종류의 사회적 상호관계 속에서 서로 어울립니다. 사람들은 민족, 지역, 언어, 종교, 정치·사회 제도나 수입으로 자기 자신을 규정짓습니다. 인구 지도 역시 이러한 범주들에 맞춰 그려집니다.

전통적으로 사람들은 피부색, 생김새, **'인종'** 개념 같은 외양에 따라 분류되었습니다. 외모를 통해 한 사람의 조상이 누구인지 추측할 수도 있지요.

그러나 인종은 과학적으로 분류할 수 있는 명확한 범주가 아닙니다. 왜냐하면 같은 인종 안에서도 유전적 차이가 있고, 다른 인종끼리도 유전적으로 닮은 점이 존재하기 때문입니다. 전체적으로 보면 인종 간의 차이점은 아주 작습니다. 본질적으로 우리는 모두 같은 조상을 갖고 있어요.

하지만 **인종차별주의**는 차이점을 강조합니다. 한 인종이 다른 인종보다 우월하다고 생각하게 하지요. 인종차별주의는 과학보다는 정치·사회적 **편견**에 근거합니다. 사람과 문화는 항상 상호교류하며 뒤섞여 왔습니다. 이러한 과정은 대대로 세계 제국이나 무역, 민족 대이동에 의해 촉진되었습니다.

계속되는 이동

우리는 주민을 '정착한 공동체'라는 관점에서 생각하는 경향이 있습니다. 하지만 아프리카에서 하나의 종으로 **진화**한 이래 인간은 지구 전체를 계속 떠돌아다니고 있어요. 수렵인으로서 인간은 사냥감을 쫓아 한 곳에서 다른

토론하기

문화 차이에 관해 토론해 보아요.
- 우리의 모든 문화를 풍부하게 합니다.
- 인류에 대한 이해를 증진합니다.
- 충돌이 발생할 수 있습니다.
- 인종차별주의자가 악용하곤 합니다.
- 협력할 기회를 제공하기도 하고, 협력을 방해하기도 합니다.

사냥터로 장소를 옮겨 다녔습니다. 농사짓는 법을 알고 나서야 비로소 한 곳에 정착하여 마을과 도시를 이룰 수 있었습니다. 그러나 일부 **유목민**과 교역업자들은 떠돌아다니는 유목 생활을 유지했고, 또 그 일부는 오늘날까지도 여전히 옮겨 다니며 삽니다.

오늘날 많은 사람이 다른 나라에 거주하거나 직장을 구하기 위해 국경을 넘습니다. 국내로 사람이 유입되면 노동력이 늘어나고 신기술이 들어올 수 있습니다. 자국민이 외국으로 나가면 국가의 인구가 줄어듭니다. 경제적 여건은 갈수록 **세계화**합니다. 거대 기업은 현재 여러 나라에서 상품을 생산하고 판매하는 **다국적 기업**으로 변모했습니다. 인터넷과 현대식 교통수단은 세계를 좁히는 데 일조했습니다.

인류사를 훑어보면 사람들의 대이동은 자연재해와 기근, 전쟁 때문에 촉발되었습니다. 피해자들은 다른 땅에서 피난처를 찾거나 망명을 하는 것 외

숫자로 살펴보기

100만 명이 넘는 이민자와 **난민**이 2015년 유럽연합(EU)에 입국했습니다.

▍유럽연합의 공식 깃발인 유럽기.

▎ 많은 사람이 천재지변이나 전쟁 때문에 어쩔 수 없이 고국을 떠난다. 그렇게 그들은 난민이
된 채 다른 나라로 향한다.

에는 다른 선택의 여지가 없습니다. 제2차 세계대전 동안(1939~1945년) 수백만
명의 유럽인이 거주지를 잃었습니다. 1950년 유엔은 훗날 유엔난민기구가 된
난민 지원 기관을 설립했습니다. 2016년에는 전 세계 인구의 1퍼센트에 달하
는 6,530만 명이 자신이 살던 곳에서 쫓겨나 실향민이 되었습니다. 대부분 아

전문가 의견

난민은 죄인이 아니다. 난민을 만든 정치와 국가, 정부의 책임이다. 인도적 차원의 난
민 지원 및 보호 활동이 이루어지고 있지만, 지도자들의 정치적 의지 없이는 난민 위
기를 근본적으로 해결할 수 없다.

– '난민의 어머니' 오가타 사다코 전 유엔난민기구(UNHCR) 대표

'난민의 아버지' 안토니우 구테흐스

2017년 1월, 안토니우 구테흐스가 유엔의 제9대 사무총장으로 공식 취임했습니다. 1949년 4월 포르투갈의 수도 리스본에서 태어난 구테흐스는 2005년부터 2015년까지 10년간이나 유엔난민기구의 수장으로 활동하면서 '난민의 아버지'라는 별칭을 얻었지요.

구테흐스는 재임 동안 유엔난민기구 본부에서 근무하는 인원을 3분의 1로 대폭 감축했습니다. 대신 그 인력을 난민 구호 현장에 배치해 유엔난민기구가 난민들에게 더 실질적인 지원을 제공할 수 있게 했어요. 그뿐만 아니라 "부유한 선진국이 국경을 개방해 난민을 수용하고 재정적으로 지원해야 한다."라고 강력히 촉구하기도 했지요. 난민 문제가 전 세계의 화두로 자리 잡은 오늘날, 구테흐스 사무총장의 행보가 더욱 주목받고 있습니다.

토론하기

전쟁 난민에 관해 토론해 보아요.

- 고대에도 망명을 신청할 수 있었습니다.
- 현대 국제법에 따라 망명할 권리가 있습니다.
- 전쟁 난민은 도움받을 자격이 있습니다. 우리는 모두 전쟁 난민의 입장에서 생각해 보아야 합니다.
- 고국을 떠나는 것 외에는 다른 선택의 여지가 없습니다.
- 목숨을 걸고 도망갑니다.
- 가족과 헤어지는 경우가 많습니다.

프가니스탄, 이라크, 시리아, 남수단, **아프리카의 뿔**(아프리카 대륙 동쪽 지역), 리비아에서 일어난 전쟁 때문이었죠. 자연재해나 전쟁을 피해 떠난 난민은 **인신매매범**에 의해 착취당합니다. 그리스나 이탈리아 같은 나라에서 피신처를 구하는 동안 많은 사람이 작은 보트에 몸을 실었다가 익사했습니다.

이민에 대한 반응

이민 문제는 인구에 관해 토론할 때 핵심 쟁점이 됩니다. 미국은 난민과 **경제적 이민자**들에 의해 만들어진 나라입니다. 그러나 오늘날에는 벽을 높이고 국경을 차단하자는 이야기가 있습니다. 어떤 이민자는 환영받고 도움받는 반면, 어떤 이들은 공포나 학대를 맞닥뜨리기도 합니다.

전쟁 난민은 고국을 떠남으로써 가족의 생명을 보전하는 것밖에는 다른

숫자로 살펴보기

- 시리아 안에서 거주지를 잃은 사람들은 660만 명입니다.
- 다른 나라에 있는 시리아 난민의 추정치
  - 터키 270만 명
  - 레바논 110만 명
  - 요르단 65만 7천 명
  - 독일 42만 9천 명
  - 사우디아라비아 50만 명

▌ 2011년 이후 시리아 전쟁은 인류 대재앙이라고 할 만하다.

수가 없습니다. 정치, 종교, 성(性)으로 인한 박해를 피해 탈출한 난민들의 상황은 열악합니다. 사람들이 난민이나 **이주민**이 되지 않게 하려면 그 나라에 폭격하는 것을 멈추고, 세계적인 빈곤과 불평등을 근절하려는 노력을 기울여야 합니다.

난민과 관련해 다음과 같은 질문이 제기됩니다. 국가는 난민과 이민자를 반갑게 맞아들여야 할까? 국경 통제를 더 잘해야 할까? 난민들이 안보에 위협이 되지 않을까? 머나먼 곳에서 벌어지고 있는 전쟁이 우리 모두의 관심사가 될 수 있을까? 경제적 이유로 이주한 난민은 전쟁 난민과 동일한 권리를 가질 만한 자격이 있을까? 만약 어느 나라에서 이주민을 들이기 시작하면 이주민들은 그 나라로 점점 더 많이 입국하게 될 거라는 주장도 있습니다. 그러면 학교, 고용, 주택, 의료 같은 공공 서비스에 부담이 가중되지요.

알아 두기

유엔 난민 고등판무관 사무소

유엔 난민 고등판무관 사무소(UNHCR, United Nations High Commissioner for Refugees)는 유엔난민기구로도 불리며, 각국 정부나 유엔의 요청에 따라 난민을 보호하고 돕기 위해 1950년 스위스 제네바에 설립되었습니다. 1954년과 1981년 두 차례 노벨 평화상을 받았어요. 현재 케냐, 남수단, 차드, 콩고민주공화국, 이라크, 아프가니스탄 등지에서 이재민과 난민을 돕고 있습니다.

▌UNHCR 패키지. 텐트와 방수포, 모기장 등이 들어 있다.
출처: 위키피디아

사례탐구 제주도의 예멘 난민

2018년 제주도에 이슬람 국가 예멘 출신 난민 500여 명이 대거 입국하면서, 한국에서도 난민 문제가 국가적 이슈로 주목받았습니다. 한국에 입국하려면 많은 개발도상국 국민에게 비자가 필요하지만, 예외적으로 제주도는 관광객 유치를 위해 거의 모든 나라 사람들에게 별다른 조건 없이 30일간 무비자 체류를 허용하고 있어요. **내전**을 피해 자국을 떠난 예멘 난민들은 이같은 제도를 이용해 제주도에 합법적으로 입국했습니다.

인류애의 차원에서는 난민을 받아들이고 그들이 살아갈 수 있도록 도와주어야 합니다. 하지만 난민법의 허점을 이용한 불법 입국이나 불법 취업, 그밖의 이민자 범죄 등 사회 문제도 간과할 수 없어요. 정부는 국민에게 피해가 가지 않도록 대처해야 합니다. 예멘 난민의 제주도 입국 사실이 보도되자 예멘 난민을 추방하자는 요구가 청와대 국민 청원 게시판에 올라왔고, 난민 수용 반대, 난민법 폐지를 주장하는 시위도 일어났어요. 유럽에서 이슬람 난민을 대거 받아들이며 생긴 폐해가 알려지면서 자국민의 이익과 안전에 더 신경 써야 한다는 여론이 힘을 얻은 것이죠.

한편으로는 한국이 선진국 대열에 합류했으며 이미 난민 협약을 포함한 여러 인권 조약에 가입했고 일제 강점기와 한국전쟁 당시 여러 나라에서 지원을 받은 역사가 있으므로 난민을 받아 주어야 한다는 의견도 있습니다. 현재 유엔 난민 협약에 따르면 난민이 국가 안보에 위협이 되거나 중범죄 등으로 유죄 판결을 받아 지역 사회에 위험을 초래하는 경우가 아니면 강제 송환을 할 수 없습니다. 제주도에 합법적인 입국 절차를 밟고 들어온 예멘인들을 강제 추방하면 유엔 난민 협약을 위반하는 것이에요. 예멘인들의 난민 지위 인정을 둘러싼 첨예한 논쟁은 한동안 계속될 것으로 보입니다.

- 교육이 인구 증가율을 낮추는 데 핵심적인 역할을 할 수 있다. 아이들은 집에 앉아 삶과 씨름하는 대신 교육을 통해 바깥세상과 직업 그리고 기회에 관해 더 많이 배울 수 있다.
- 오늘날 많은 사람이 다른 나라에 거주하거나 직장을 구하기 위해 국경을 넘는다. 국내로 사람이 유입되면 노동력이 늘어나고 신기술이 들어올 수 있다. 난민은 대개 인도주의와 국민 보호라는 논점에서 국가적 이슈로 다루어진다.

2장 사람, 장소, 행성

인구와 관련해 또 다른 거대한 변화가 나라 안에서 일어나고 있습니다. 사람들이 도시로 이주하는 것이죠. 이러한 과정을 **도시화**라고 하는데, 매년 2퍼센트씩 증가합니다. 도시화는 1800년대에 산업혁명과 함께 시작되었어요. 오늘날에도 시간이 갈수

▌ 세계의 대도시가 심각한 도시 스프롤 현상을 겪고 있다. 사진은 뉴욕 맨해튼.

록 도시화는 더욱더 심해지고 있습니다. 현재 전 세계 인구 중 54퍼센트가 도시에 거주하고 있어요.

1979년, 중국의 도시 선전에는 3만 명이 거주했습니다. 하지만 현재의 선전 인구는 1,080만 명이며, 주강 삼각주 일대까지 면적을 확장했습니다. 이는 엄청난 도시 스프롤(Sprawl) 현상의 한 예일 뿐입니다. 도시는 1천만 명이 넘는 메가시티를 형성하기 위해 서로 합칩니다. 오늘날 일본의 수도 도쿄에는 3,800만 명이 넘는 사람들이 살고 있습니다.

사람들은 일자리와 편리한 생활을 찾아서 시골을 떠납니다. 중국에서는

알아 두기

도시 스프롤 현상

도시 스프롤 현상이란 도시가 급속도로 팽창하면서 외곽으로 무질서하게 퍼져 나가는 것을 의미합니다. 미국 뉴욕이나 로스앤젤레스, 일본 사이타마, 홍콩, 인도 뭄바이 등 세계의 대도시 대부분이 심각한 스프롤 현상을 겪고 있어요. 보통 도시가 과밀화되고 기능이 분화되면 땅값이 비싸집니다. 그러면 기존 주거·상업·공업 지역이 도시 주변으로 확장하며 밀려나요. 그때부터 도시 개발은 무분별하게 이루어지고 집값 상승, 교통량 폭주, 환경 오염 등의 문제가 발생합니다.

한국의 경우 스프롤 현상이 가장 심했던 시기는 1970년대입니다. 당시 정부의 경제 고도성장 정책으로 서울, 부산, 대구, 대전, 광주 등 대도시 곳곳이 급격하게 팽창하면서 주변 지역에 주택과 공장이 무질서하게 들어섰어요. 그 결과 지역 불균형이 초래되고, 녹지가 훼손되었으며, 통근 거리가 늘어나 교통량이 엄청나게 늘었습니다.

중국에서는 정체된 시골에서 발전하는 도시로 이촌향도하는 현상이 벌어지고 있다. 일자리를 쉽게 구할 수 있는 도시의 건설 현장으로 가는 것이다.

숫자로 살펴보기

마닐라

현재 세계의 대도시 중 최소한 8곳이 인구 2천만 명 이상입니다. 많은 도시가 극심하게 과밀화되어 있어요. 필리핀 수도 마닐라는 인구 밀도가 1㎢당 4만 1,515명인 데 반해 몽골은 1㎢당 2명 미만입니다. 참고로 인구가 1천만 명 이상인 도시를 메가시티(megacity)라고 불러요.

▌ 러시아의 시골(왼쪽)은 낙후하지만, 모스크바의 비즈니스센터(오른쪽)는 러시아 수도의 경
제력을 과시한다.

지난 25년 동안 엄청난 수의 사람들이 도시로 몰려갔습니다. 그들은 도시에
서 돈을 버는 족족 시골집에 이체했습니다. 그러나 2015년 경기 침체 이후 많
은 사람이 다시 고향 시골집으로 돌아갔습니다. 아프리카에서 남미에 이르
기까지 세계 많은 지역의 전입자들은 많은 돈을 벌지도 못했고, 집으로 돌아

토론하기

대도시에 관해 토론해 보아요.
- 경제가 쉼 없이 빠르게 돌아갑니다.
- 보통 정부 기관의 중심지입니다.
- 수백만 명이 거주하고 있습니다.
- 자원을 고갈시킵니다.
- 공기를 오염시킵니다.
- 과밀화됩니다.

갈 수도 없습니다. 그들은 보통 깨끗한 물, 적절한 위생, 전기가 없는, 흔히 파벨라(브라질 빈민촌)나 샨티타운(뉴질랜드 민속촌)으로 알려진 임시 **판자촌**에서 삽니다.

　도시화로 인해 뒤처진 시골은 인구가 감소할 것입니다. 최근 몇 년 동안 많은 러시아인이 모스크바로 이주해 시골에는 학교나 공공 서비스가 없는 '유령 마을'이 생겼습니다. 그러나 역사는 도시 역시 죽을 수 있다고 우리에게 경고합니다. 세계에는 모래 속에 묻혀 있거나 정글로 덮인 채 버려진 도시가 많아요. 도시가 언제까지나 성장만 할 수는 없습니다. 도시는 적절한 시기, 적절한 위치에 형성되어야 하는데, 충분한 수준의 무역과 자원이 보장되어야 합니다. 심지어 오늘날의 메가시티도 살아남기 위해선 지속 가능성이 있어야 합니다.

억압당하는 자연

　대도시는 성장하면서 시골을 흡수합니다. 대도시 주변의 자연 세계는 서로 영향을 주는 식물과 동물 간의 복잡한 네트워크입니다. 인간은 이러한 **생태계**의 일부예요. 하지만 우리는 우리 자신을 지탱해 주는 자원을 해치거나 파괴하고 있다는 사실을 깨닫지 못합니다. 인구 증가가 자연 세계에 위협이 되지 않을까요? 인간이 이 행성에서 가장 위험한 동물이지 않을까요?

　현재 세계 인구의 95퍼센트가 전체 지표면의 겨우 10퍼센트에 해당하는 곳에 모여 살고 있습니다. 나머지 지역의 대부분은 농경지나 도로, 철로가 차지하고 있습니다. 그렇습니다. 지구에는 인구가 팽창해도 될 만큼 충분한 물리적 공간이 있습니다. 문제는 인간의 정착지가 초원과 삼림, 숲으로 확장

▎1930년대 심한 가뭄과 낙후된 농업 기술로 인해 겉흙이 파괴되어, 미국의 대초원이 바람에
  날리는 먼지로 변했다. 이로 인해 거대한 모래 폭풍이 발생해 모든 농장을 덮었다.

▎초대형 기반 시설을 갖춘 어선들이 최신 레이더 기술과 거대한 그물을 사용해 엄청난 양의
  물고기를 싹쓸이하고, 회복이 어려울 정도로 자원을 고갈시킨다.

되면 자연 서식지가 해체된다는 것입니다.

인구가 늘어나면 자원에 대한 탐욕도 늘어납니다. 지구상에서 가장 풍요로운 환경인 열대 우림이 경작이나 목축업 때문에 줄어들고 있습니다. 새롭게 뚫린 길로 정착민과 사냥꾼, 불법 광부가 들어갑니다. 인간은 종종 나쁜 이웃입니다. 현재 인간을 제외한 다른 종의 **멸종** 속도는 정상적인 속도보다 최소한 천 배 빠릅니다. 이는 대부분 인류의 활동 때문입니다.

다행히도 인간은 어떻게 다른 종을 보존하고 보호할지, 어떻게 산림이 황폐화하는 것을 막을지, 어떻게 지속 가능한 방식으로 농사지을지, 어떻게 미래 인류에게 계속 식량을 공급할지 알고 있습니다. 그러나 점점 더 많은 인구를 환경에 적응시키려면 우리는 일하는 방식을 바꿔야 하며, 법으로 환경을 보호해야 합니다.

▌ 도시가 확장하면서 동식물의 식량과 서식지가 위협받고 있다. 이 기린은 케냐 나이로비에서 볼 수 있다.

온실에서 살기

인간은 호흡할 수 있는 공간이 필요합니다. 오늘날 70억 명이 넘는 사람들이 12억 대의 자동차를 보유하고 있습니다. 도시의 혼잡한 도로를 따라 배기가스는 공기 중에 독성 화학 **스모그**를 형성하지요. 많은 발전소와 공장은 석유와 가스, 석탄 같은 화석 연료를 태웁니다. 그들은 어마어마한 양의 이산화탄소(CO_2)를 배출합니다. 현재 세계 각국의 정부는 탄소 배출을 줄이려고 안간힘을 쓰고 있어요.

과학자 대부분이 기후 변화와 지구 온난화의 요인으로 배기가스를 꼽습니다. 일반적으로 이산화탄소는 지구상의 해양과 숲에 흡수됩니다. 하지만 과도한 이산화탄소와 온실가스는 대기권에 갇혀 지구에 복사열을 다시 되돌려 보냅니다. 지구 온난화는 이미 일어나고 있죠. 지구 온난화로 2100년까지 지구의 평균 기온이 1.8도에서 4도까지 더 상승할 수 있고, 그러면 대재앙

▮ 지구 온난화는 방글라데시 사람들이 경험한 강력한 폭풍과 홍수 같은 기상 이변을 초래할
수 있다.

▮ 브라질 상파울루는 역사상 최악의 교통 체증을 겪고 있다. 교통 상황이 몹시 나쁜 날에는 차량
행렬이 295킬로미터까지 이어진다. 한마디로 카마겟돈(Car-Mageddon)에 시달리는 셈이다.

을 초래할 수 있습니다.

기후 변화로 해수면 상승, 극심한 열대성 태풍, 가뭄, 홍수, 해양의 **산성화**, 더 많은 종의 멸종 등이 일어날 수 있습니다. 만약 인구 증가가 이렇게 빨리 일어난다면 더 심각한 상황에 부닥쳤을 때 아무 대처도 할 수 없습니다. 물론 인구 증가와 산업화의 심각한 부작용은 동시에 발생합니다. 바늘 가는 데 실이 가듯 함께 일어나지요.

점점 더 많아지는 인구

인구 증가에 관해 종종 막연한 상태에서 논의가 이루어집니다. 실질적으로 인구 증가는 무엇을 의미할까요? 인프라란 사회가 기능할 수 있도록 해주는 도로와 전력선, 학교, 병원 같은 기본적인 서비스를 가리키는 용어입니다. 우리가 필요로 하는 것들에 대한 비용을 우리는 부담할 수 있을까요?

세계는 더 많아지는 인구를 감당할 수 있을까요?

환경이 잘 관리되기만 한다면 지구에 공간은 충분합니다. 도시화로 인구가 증가하면 이론적으로는 인프라가 개선될 수 있습니다. 인구 밀도가 높은 지역에 사는 사람들은 멀리 떨어져 있는 시골보다 더 쉽게 공공 서비스에 접근할 수 있죠. 인구가 늘어나면서 생기는 몇몇 인프라 문제에 대해서는 기술적인 해결책이 있습니다. 예를 들면 저탄소·재활용 건축 자재는 값싼 주택을 제공하는 데 사용될 수 있어요. 소규모의 재생 가능 에너지는 지역 사회 수준에서 저렴한 비용으로 제공될 수 있습니다. 인구를 줄이고 싶다면 출산율을 낮추어야겠죠. 한 연구에 따르면, 출산율을 낮추는 가장 효과적인 방법은 젊은 여성들이 높은 수준의 교육을 받아 삶의 기회를 더 많이 가지는 것입니다.

인구 증가는 전 세계에 충격을 주고 있습니다. 그중에서도 최빈개도국들 지역이 가장 큰 난관에 부닥쳤어요. 이미 그들은 사회 인프라를 유지·관리

알아 두기

최빈개도국(Least-Developed Countries)
1인당 GNP, 신생아 사망률, 1인당 칼로리 공급률, 초·중 교육 등록률, 문맹률, GDP 대비 제조업 비율, 산업 내 고용 비율, 1인당 전기 소비량, 수출 집중률을 기준으로 정해요. 최빈개도국으로 지정된 국가들은 3년마다 유엔 경제사회이사회(ECOSOC)에 의해 검토됩니다. 2018년 기준으로 방글라데시, 우간다, 레소토, 콩고, 네팔 등 47개국이 최빈개도국에 속해요.

하는 일만으로도 힘들어합니다. 젊은 사람의 수가 많아진다는 것은 학교에서 수용해야 할 학생 수가 느는 것을 의미합니다. 학급 규모가 문제입니다. 예를 들면 남아프리카의 경우 초등 한 반에 40명, 중등 한 반에 35명까지 줄이려면 약 5만 개의 교실을 새로 지어야 합니다. 최빈개도국에는 교육과 보건, 기타 사회 복지를 늘리기 위한 자금이 부족합니다. 교육과 보건, 사회 복지의 발전은 인구의 증가를 줄일 수 있는 가장 좋은 방법인데도 말입니다.

간추려 보기

- 도시화는 1800년대에 산업혁명이 시작되면서 급격하게 진행되었다. 오늘날에도 시간이 갈수록 도시화는 더욱더 심해지고 있다.
- 오늘날엔 거대도시조차도 살아남으려면 환경 파괴 없는 지속 가능성이 보장되어야 한다. 점점 더 많은 인구가 환경에 적응하려면 우리는 일하는 방식을 바꿔야 하며, 법으로 환경을 보호해야 한다.
- 출산율을 낮추는 가장 중요한 방법은 젊은 여성들이 높은 수준의 교육을 받아 더 많은 삶의 기회를 가지는 것이다.

3장 귀중한 자원

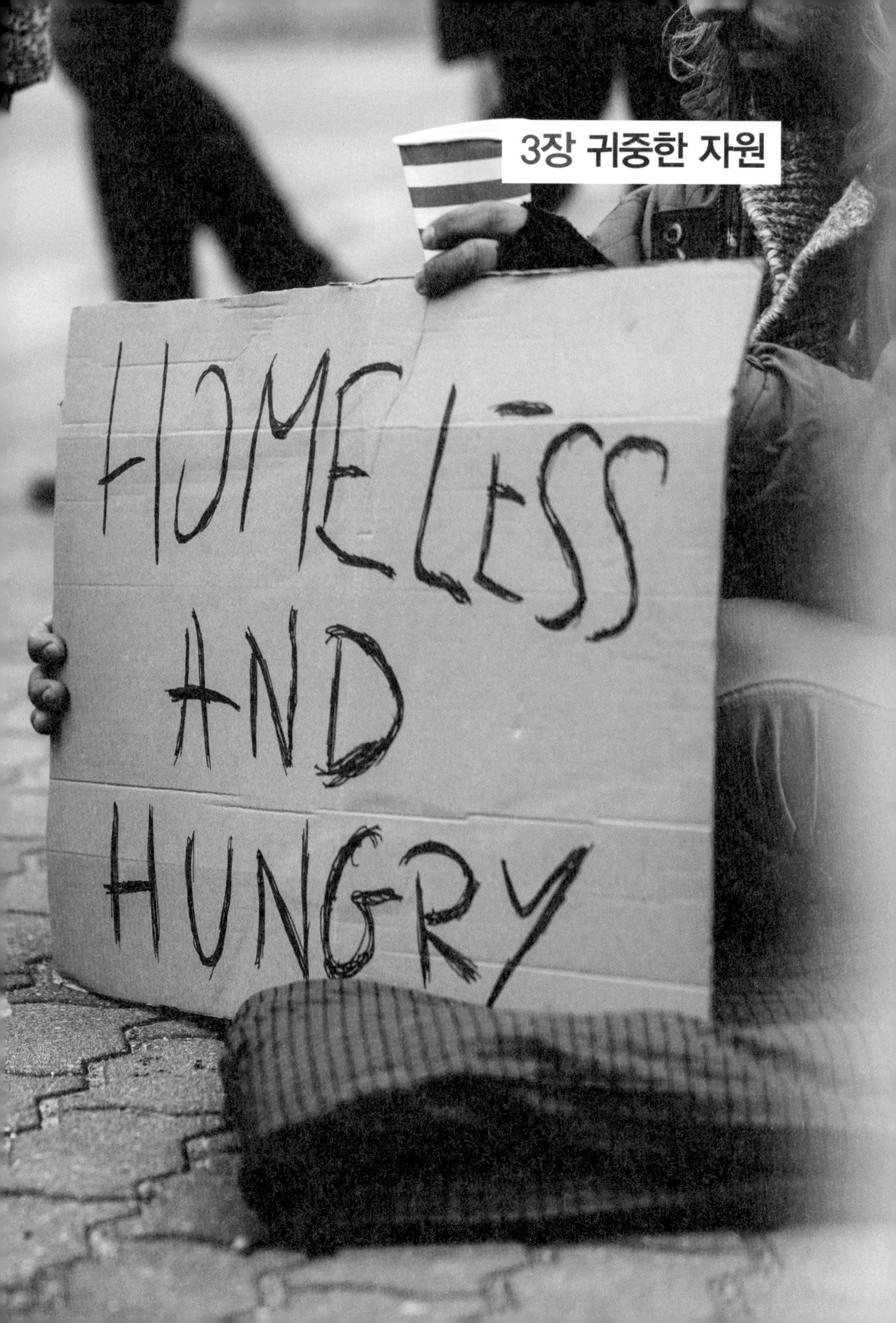

물은

지구에서 생명의 열쇠입니다. 인간은 매일 약 2리터의 소
중한 물을 마셔야 합니다. 또한 세탁, 청소, 요리, 위생,
제조, 관개, 축산에도 물을 사용합니다. 우리 대부분은 급수지에서 집으로
보내는 물을 사용하지만, 세계의 많은 지역에서 사람들은 여전히 우물물을

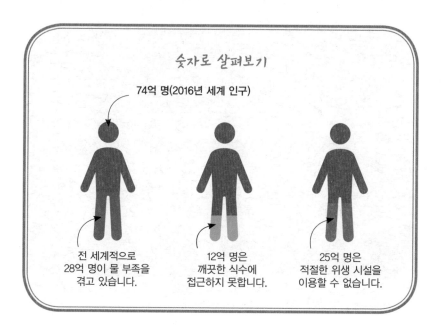

숫자로 살펴보기

74억 명(2016년 세계 인구)

전 세계적으로
28억 명이 물 부족을
겪고 있습니다.

12억 명은
깨끗한 식수에
접근하지 못합니다.

25억 명은
적절한 위생 시설을
이용할 수 없습니다.

떠야만 합니다.

　지난 50년간 민물(강이나 호수와 같이 염분이 없는 물) 수요량은 3배 증가했지만, 사용 가능한 물의 양은 줄어들었습니다. 이미 세계의 많은 지역에서 물 부족 현상이 벌어지고 있습니다. 인구 증가로 매년 약 640억㎥만큼 물 수요가 늘어납니다. 도시화는 물 부족 현상을 더욱 악화시킵니다. 일부 대도시의 경우, 산업계는 차치하고 사람들에게 공급할 물도 거의 없습니다. 기아에 시달리는 사람들에게 음식을 제공하기 위해선 농작물에 물을 대는 일이 무엇보다 중요합니다.

　기후 변화가 어떠한 영향을 끼치는지 아직 다 알 수는 없지만, 분명 물 공

▌ 필리핀에서는 공용 펌프에서 물을 받아 옷을 빤다. 깨끗한 물을 향한 접근성은 필리핀에서 큰 문제이다. 필리핀에서는 단지 5퍼센트의 가구만이 하수도를 사용한다.

▌ 두 소녀가 인도의 한 마을에 있는 우물에서 물을 받기 위해 펌프질을 하고 있다. 인도는 항상 물 부족 현상이 심각하다. 그러나 최근 몇 년 동안 더 많은 농촌 주택에 수도 파이프를 연결하고, 물을 이용할 수 있는 시간을 늘리는 사업을 대규모로 밀어붙이고 있다.

▌ 가뭄으로 캐나다 브리티시 컬럼비아의 황무지가 갈라졌다. 가뭄은 사람들이 마시는 물의 양이 적어지는 것을 의미한다. 그뿐만 아니라 농작물에 피해를 주어 사람들이 먹을 음식이 부족해진다.

급에 다방면으로 영향을 미칠 것입니다. 가뭄과 사막화가 증가할 수 있습니다. 해수면이 올라가면 해안 대수층(帶水層: 지하수를 품고 있는 지층)이 소금물에 잠길 수 있습니다.

낭비를 줄이고 대수층이 지속 가능하도록 하기 위해서는 대규모의 수자원 관리가 필요합니다. 담수화, 즉 해수에서 소금을 제거하는 일은 비용에 비해 열매가 많지 않은 비싼 산업 과정을 거치지만, 그 효율성은 점차 개선되고 있습니다. 가정이나 마을처럼 소규모 공동체에서는 바닷물이나 더러운 물을 정수하여 마시는 물로 만들 수 있습니다.

충분한 먹거리

영국의 성직자 토머스 로버트 맬서스(1766~1834)는 식량 생산량의 증가가 인구의 급격한 증가를 따라가지 못하기 때문에 더 나은 세상을 향한 희망이 위험에 처해 있다고 생각했습니다. 맬서스의 견해 가운데 많은 내용이 오늘날 논란의 대상이지만, 그는 인구 증가는 늘 좋은 것이라는 당시의 통상적

▎ 에티오피아와 같이 가혹한 환경 조건을 지닌 일부 지역에서는 소규모 농장이 대규모로 산업
화된 농장보다 환경에 더 적합하다.

인 관점에 도전했습니다.

　오늘날 우리는 인구 증가가 식량 증가보다 앞서가는 상황에 부닥친 듯합니다. 7억 9,500만 명이 식량 부족을 겪고 있는 것으로 추산돼요. 개발도상국에서는 인구의 13퍼센트가 영양 부족이며, 매년 300만 명이 넘는 어린이들이 영양실조로 사망합니다.

　유엔 식량농업기구(FAO)는 세계 인구가 2050년까지 91억 명을 기록할 것이며 이에 따라 세계 식량 생산이 70퍼센트 증가해야 한다는 계산을 내놓았습니다. 기후 변화로 작물 생산이 위협받고 있어요. 이러한 현상을 고려하여 미래를 전

맬서스의 인구론

1798년 영국의 수학자이자 인구학자인 토머스 맬서스가 수확 체감의 법칙을 기반으로 내세운 이론입니다. 식량은 산술급수적으로 증가하는 데 비해 인구는 기하급수적으로 증가하여 인구 과잉과 식량 부족 문제가 발생하고, 이로 인해 실질 임금이 최저 생계비 수준으로 감소할 것이라고 주장했지요. 즉 인류의 식량 생산 능력을 결코 따라갈 수 없을 정도로 인구가 폭발적으로 늘어나 굶주림 때문에 인류가 멸망한다는 것입니다. 맬서스가 이러한 내용의 인구론을 내놓자 유럽은 공포에 휩싸였고, 결국 가난한 사람들이 가급적 출산하지 못하도록 '빈민구제법'을 폐기했어요.

맬서스의 인구론에 따르면 인구는 25년마다 1, 2, 4, 8, 16, 32, 64, 128, 256…의 비로 증가하고, 식량은 아무리 생산량을 늘려도 1, 2, 3, 4, 5, 6, 7, 8, 9…의 비로 증가합니다. 따라서 맬서스가 인구론을 주창한 1798년 인구와 식량의 비가 1 : 1이었다면 200년이 지난 1998년에는 인구와 식량의 비가 256 : 9여야 해요. 하지만 그런 일은 일어나지 않았습니다. 맬서스가 인구론을 주장한 때는 지금으로부터 200여 년 전인 산업혁명 초기로 산업이 이 정도로 발달할 줄 예측하지 못했기 때문이에요. 산업혁명 이후 과학기술이 엄청난 속도로 발전했고, 그로 인해 인구 증가율보다 식량 생산 증가율이 더 높은 경우가 자주 발생하고 있습니다.

망하면 섬뜩할 정도입니다. 가뭄에 강한 식물 종을 더 개발하더라도 말이에요.

그러나 더 많이 재배한다고 해서 능사가 아닙니다. 아마 우리는 더 합리적인 방식으로 재배하고 분배할 수 있을 것입니다. 열대 지방의 농부들이 지역 사회를 위한 식량 재배를 멈추고 수출을 통해 현금화할 수 있는 **환금 작물**

유엔 식량농업기구(FAO)에 따르면 매년 30억 톤의 식량이 낭비되거나 없어지고 있습니다. 이것은 지구상에서 생산되는 모든 식량의 3분의 1에 해당해요.

로 대체하는 것이 합리적일까요? 콩이 면적당 훨씬 더 많은 단백질을 생산해 내고 더 저렴한데도 육우를 키우는 것이 합리적인가요? 미국에서 키우는 모든 소를 먹이는 데 쓰이는 곡물로 8억 명의 사람들을 먹일 수 있다고 하는데 이걸 지속해야 할까요? 농업은 산업 상품으로서 식품을 거래하는 글로벌

▮ 브라질의 많은 소는 천연 열대 우림이 제거된 땅에서 방목되고 있다.

비즈니스가 되었습니다. 한편에서는 그렇게 하는 것이 더 효율적인 방식이라고 하고, 다른 한편에서는 식량 생산량이 시장 가격에 따라 오르락내리락하는 복권처럼 되어버렸다고 지적합니다.

부자 세상, 가난한 세상

우리가 누군가를 가난하다고 칭할 때 이는 무엇을 의미하나요? 빈곤은 식량과 같은 삶의 기본적 조건을 확보하기 위한 돈이나 수단이 부족한 것으로 정의할 수 있습니다. 세계은행의 2015~2016년 조사에 따르면, 세계 인구의 9.6퍼센트는 하루에 1.90달러 미만으로 살고 있습니다. 빈곤은 가정, 건강 관리, 깨끗한 물 공급, 교육, 보안을 박탈당하는 것을 의미하기도 합니다.

빈곤은 모든 국가에서 발견되지만, 최빈개도국 지역에서 제일 극심합니다. 세계은행은 최근 몇 년 동안 빈곤이 줄어들었다고 발표합니다. 정확하게

알아 두기

빈곤 퇴치

2018년 세계은행은 지구상에서 빈곤을 퇴치하려는 노력이 성과를 보임에도 전 세계 인구의 절반 정도가 하루 5.5달러 이하로 연명하고 있다고 보고했습니다. 세계은행은 하루 1.90달러 미만으로 살아가는 극빈층 비율이 최근 몇 년 동안 감소하고 있다면서 빈곤층 범위를 하루 5.5달러 미만으로 연명하는 대상으로 넓혀서 실태를 조사했다고 밝혔습니다. 세계은행은 새 기준을 적용해 조사한 결과에 따르면, "전 세계 빈곤층 비율이 여전히 수용하기 어려울 정도로 높으며, 경제 성장의 과실이 국가와 지역을 막론하고 불공평하게 분배되고 있다."라고 강조했어요. 최근 세계 경제 성장이 지체되고 있지만 2013년부터 2015년 사이에 빈곤층을 벗어난 전 세계 인구는 6,800만 명으로 태국이나 영국의 인구 정도 됩니다. 이처럼 빈곤 퇴치율이 개선되었지만 2030년까지 극빈층 인구를 세계 인구의 3% 이내로 낮추려는 세계은행의 목표를 달성하기는 어려운 상황이라고 세계은행은 지적했습니다.

측정하기란 매우 어렵습니다. 빈부 격차, 즉 빈곤층과 부유층의 격차는 실제로 많은 국가에서 커지고 있습니다. 선진국 인구는 세계 인구의 13퍼센트에 불과하지만, 총 구매력의 45퍼센트를 차지합니다. 선진국 내에서도 불평등이 존재합니다. 인구 중 가장 부유한 10퍼센트가 가장 가난한 10퍼센트보다 10배나 많은 돈을 법니다.

우리에게는 경제적인 이유뿐만 아니라 빈곤에 대처해야 할 도덕적인 의무가 있습니다. 정치 체제가 다르면 빈곤 문제도 서로 다른 방식으로 처리하려

합니다. 최빈개도국의 빈곤은 젊은 인구, 높은 출산율과 관련되어 있습니다. 기대 수명이 낮으면 더 많은 자녀를 갖는 것이 미래를 보장하고 가족의 수입을 늘리는 방법으로 보일 수 있지요.

전문가 의견

빈곤은 폭력의 가장 나쁜 형태다.

— 마하트마 K. 간디(1869~1948) 인도의 운동가

▎ 빈곤은 먹는 음식의 질에서부터 교육, 건강 관리에 이르기까지 어린이의 삶의 모든 측면에 영향을 미칠 수 있다.

▌ 프랑스 파리에서는 많은 빈곤층이 변변한 지붕조차 갖추지 못한 천막 같은 임시 거주지에서
살고 있다.

▌ 집 없는 한 사람이 이탈리아 도시 베로나 거리에서 구걸하고 있다.

세계 무역

세계화는 국경을 초월해 사업과 무역이 다국적으로 재편되는 것입니다. 세계화는 **자본주의** 또는 **자유 시장**의 자본 환경을 기반으로 하며, 우리 모두의 삶을 형성합니다. 그런데 세계화는 빈곤을 줄일까요, 아니면 심화시킬까요? 세계화 지지자들은 세계화가 부와 고용을 창출하고 가격을 낮춘다고 말합니다. 경제가 활성화하면 가난한 사람들에게 직간접으로 도움이 될 수 있습니다. 민주화 분위기가 조성되고, 빈곤층이 자신들만의 목소리를 낼 수 있을 것입니다.

그러나 세계화는 외국의 투자와 최신 기술을 필요로 합니다. 저개발 국가는 이를 독자적으로 감당할 수 없지요. 세계화는 현대적 커뮤니케이션과 교통, 인프라 개발을 요구합니다. 세계화가 실패했다는 대표적인 예는 계속되는 불평등입니다. 세계 인구의 가장 부유한 20퍼센트가 재원의 86퍼

알아 두기

공정무역

공정무역은 개발도상국 생산자가 경제적으로 자립하고 지속 가능한 발전을 이루어 나갈 수 있도록 생산자에게 더욱 유리한 무역 조건을 제공하는 무역 형태를 말합니다. 공정무역 거래의 기본적인 원칙은 다음과 같아요.

첫째, 구매자는 생산자에게 최저 구매 가격을 보장하고, 대화와 참여를 통해 합의한 공정한 가격을 내며, 생산 자금 조달을 돕기 위해 수확 또는 생산 전에 먼저 지급합니다. 또 생산자 단체와 직거래해 유통 과정을 줄임으로써 더 많은 이윤을 얻을 수 있도록 해 주며, 단기 계약보다는 장기 계약을 맺어 안정적으로 생산에 임할 수 있게 합니다. 공동체 발전 기금을 마련해 생산자와 노동자 공동체가 사회적 이익을 실현하도록 도와주기도 하지요.

둘째, 생산자는 인종, 국적, 종교, 나이, 성별 등과 관련한 차별을 철폐하고, 동일 노동 동일 임금 원칙을 지킵니다. 아동의 권리를 존중하고, 안전하고 건강한 노동 환경을 제공하며, 환경을 보호하기 위해 노력해야 합니다. 공정무역재단(Fairtrade Foundation) 같은 조직은 부유한 나라와 가난한 나라의 공급자들 간의 무역 협정을 개선하기 위해 캠페인을 벌여요. 공정무역 조건을 충족한 회사는 포장에 공정무역 표시를 부착할 수 있습니다.

센트를 소비합니다. 많은 다국적 기업은 국가 정부보다 훨씬 더 부유하고 강력합니다. 다국적 기업은 **주주**를 제외한 그 누구에게도 책임을 지지 않습니다. 세계화는 평등한 동반자 관계가 아닙니다. 지역에 기반한 소규모 기업들은 거대기업의 경쟁 상대가 될 수 없습니다.

❚ 우간다의 이 커피 농장주는 공정무역 제도에 따라 적정 가격을 보장받는다.

❚ 이 아이는 인도의 한 공장에서 일한다. 인도 정부가 발표한 통계에 따르면, 인도에는 2천만 명의 어린이 노동자가 있다.

간추려 보기

- 지구 온난화로 대표되는 기후 변화가 어떠한 영향을 끼치는지 아직 다 알
  수는 없지만, 기후 변화는 분명 물 공급에 영향을 미칠 것이다. 가뭄과 사
  막화가 증가할 수 있다. 도시화는 물 부족 현상을 더욱 악화시킨다.
- 오늘날 우리는 인구 증가가 식량 생산보다 앞서가는 상황에 부닥쳐 있는
  것으로 보인다. 7억 9,500만 명이 식량 부족을 겪고 있는 것으로 추산한
  다. 개발도상국에서는 인구의 13퍼센트가 영양 부족이며, 매년 300만 명이
  넘는 어린이들이 영양실조로 사망한다.
- 빈곤은 모든 국가에서 발견되지만, 최빈개도국에서 제일 극심하다. 빈부
  격차는 실제로 많은 국가에서 커지고 있다. 빈곤은 먹는 음식의 질에서부
  터 교육, 건강 관리에 이르기까지 어린이의 삶의 모든 측면에 영향을 미칠
  수 있다.

4장 인구 계획

아이의 탄생은 매우 중요하고 굉장히 흥분되는 일입니다. **가족계획**에 관한 교육은 모두가 관심을 기울이는 성공적인 출산을 위해 대단히 중요한 역할을 합니다. 여성과 남성은 자신이

▌ 휴일을 맞아 중국 베이징의 유명한 왕푸징 스낵 거리로 모인 군중. 중국 정부는 인구 증가 억제를 위해 '건강하고 행복하면서도 부유한 가정을 위해 가족계획을 실천하시오.'라는 문구로 정부 시책을 홍보한다.

자녀를 원하는지, 자녀를 원한다면 몇 명이나 갖고 싶은지, 또 언제 가져야 할지 신중하게 계획할 수 있습니다.

사회 전체적으로 보면 가족계획은 출생률을 통제하는 데 결정적인 역할을 할 수 있습니다. 피임이란 피임약을 복용하거나 성관계를 할 때 콘돔과 같은 기구를 사용해 임신을 막는 것입니다. 콘돔을 사용하면 에이즈 같은 성병이 퍼지는 것을 막을 수 있습니다. 불임 수술이나 정관 수술을 하면 영구적인 피임이 가능합니다. 일부 종교 단체는 피임을 반대하지만, 동일한 종교 내에서도 신념과 정책이 다를 수 있습니다.

인도 정부는 세계 최초로 1952년에 인구 증가를 **안정화**하는 수단으로 **가족계획**을 장려했습니다. 오늘날 산아제한은 유엔과 세계보건기구(WHO)의 지원을 받습니다. 피임은 여성들의 사회적 지위를 강화합니다. 피임은 원치

토론하기

피임에 관해 토론해 보아요.
- 2015년 기준으로 북미 지역의 부부 중 75퍼센트가 피임을 했습니다. 이에 비해 아프리카는 33퍼센트만 피임을 했어요.
- 2015년 전 세계 여성의 12퍼센트가 피임에 실패했습니다.
- 2030년에도 여전히 많은 부부가 피임에 실패할 수 있습니다.
- 2015년에는 전 세계의 부부 중 64퍼센트가 피임을 했습니다.
- 인구 증가율이 높은 지역에서 피임이 증가할 것으로 예상합니다.
- 2030년까지 피임하는 부부가 2천만 쌍으로 늘어날 것으로 추산합니다.

▌ 한 자녀를 둔 중국인 가족이 수도 베이징 거리를 걷고 있다.

않는 출산, 위험한 출산, 낙태(원치 않는 임신의 중단)를 줄입니다.

1979년부터 인구 문제를 우려한 중국 정부는 부모들에게 한 자녀만 갖도록 하는 법을 제정했습니다. 부모에게 선택을 강요했다는 사실은 인권 침해로 간주되었고, 국제적인 비판을 받았습니다. 중국은 2016년부터는 두 자녀 정책을 시행하고 있습니다.

오늘날엔 저조한 출산율로 세계에서 손꼽히는 한국도 한때는 산아제한 정책을 펼쳤습니다. 정부에서는 1970년대에 1가정 2자녀를, 1980년대에 1가정 1자녀를 권장하며 대대적으로 홍보했지요. 1984년 처음으로 출산율이 1.7명 수준으로 떨어졌습니다. 저출산 기조가 계속해서 이어지자 2000년대 들어서는 출산율을 높이는 일이 국가적 과제가 되었지요.

좋은 생식 vs 나쁜 생식

고대의 몇몇 종교 문서를 보면 가능한 한 많은 아이를 가지라고 합니다. 이런 종교 문서들은 대부분 세계 인구가 매우 적은 시기에 작성되었지만, 일부 사람들은 여전히 이 교리를 존중합니다. 하지만 오늘날 우리에게는 인구 증가를 안정화하려는 의지가 필요합니다. 이것이 이 시대에 인류와 우리 행성의 이익을 위해 우리가 가져야 할 건강한 태도입니다.

1800년대에는 유전에 관한 새로운 과학적 이해가 등장했습니다. 농부들은 '우월한' 특성을 우선시하는 선택적 사육을 통해 동물을 '개선'하는 방법을 발견했습니다. 사람들은 자연선택에 의한 종의 진화를 다룬 찰스 다윈(1809~1882)의 연구를 읽었습니다. 1900년대까지 다른 사람들보다 특정 집단에 속한 사람들의 재생산을 장려함으로써 인구가 '개선'될 수 있다는 생각이 매우 광범위하게 퍼졌습니다. 이를 **우생학**이라고 합니다. 영국의 통계학자 프랜시스 골턴(1822~1911)은 '우생학'이라는 용어를 최초로 사용했습니다.

우생학 지지자들은 특정한 인간 집단이나 특성에 더 큰 가치를 부여합니다. 자녀를 가질 수 있는 능력은 부모의 지능, 사회 계급, 범죄 기록, 인종에

영국 통계학자 프랜시스 골턴(Francis Galton, 1822~1911)은 우생학이라는 용어를 최초로 사용한 장본인이다.

이 철도 선로는 폴란드의 강제 수용소인 아우슈비츠의 문으로 이어져 있다. 이 강제 수용소에서 나치에 의해 약 110만 명이 죽임을 당했다.

좌우되어야 할까요? 나치가 독일을 통치하던 시기인 1930~1940년대에 이러한 사상은 너무나 위험하다는 점이 극명하게 드러났습니다. 나치 당원들은 자신들이 '열등'하다고 배척한 유대인, 집시, 동성애자 등에게 우선 독일인과의 결혼부터 금지했죠. 나치는 폴란드의 아우슈비츠 같은 죽음의 수용소에서 수백만 명을 살해했습니다. 장애인들 역시 **불임 시술**을 받거나 죽임을 당했습니다.

낙태

생식권은 가족계획, 피임, 낙태, 성교육, 건강 관리에 대한 권리입니다. 생식권은 인구 조절에 대해 윤리적, 종교적 관점에서 논의할 핵심 질문을 끄집어냅니다. 낙태는 전 역사에 걸쳐 있었지만, 낙태에 대한 사회의 사고방식은 시대와 지역에 따라 다릅니다.

여성은 자신의 몸으로 무엇을 할지 자유롭게 선택할 도덕적인 권리가 있습니다. 원할 때 출산할 권리가 있는 것처럼, 출산하지 않을 권리 역시 있어야 합니다. 출산은 매우 진지하게 고민한 이후에 선택해야 할 사안입니다.

낙태는 여자가 성폭행당해 임신한 아이를 낳을 필요가 없다는 것을 의미할 수 있습니다. 어떤 경우에는 임신부의 생명을 구하기 위해 낙태를 할 수 있습니다.

임신 초기의 경우 **태아**는 자궁 밖에서 독립적으로 존재할 수 없습니다. 많은 의사가 태아를 어머니 신체의 일부로 여깁니다. 영국에서는 대부분 임신 후 24주까지 낙태가 허용되는데, 두 명의 의사가 어머니의 신체적, 정신적 건강에 낙태가 최선이라고 동의해야 합니다. 어머니의 건강에 심각한 위험이 있거나 태아에게 의학적 문제가 있는 경우 임신 후 24주가 지났어도 낙태를 할 수 있습니다. 낙태는 일반적으로 임신 초기에 자격을 갖춘 의사가 합법적으로 시행할 때 안전합니다. 낙태가 불법인 곳에서는 상해와 감염, 심하면 산모의 사망까지 발생할 수 있습니다.

낙태를 합법화해야 할까요? 합법화한다면 원치 않게 얻은 아이를 언제든

전문가 의견

생식 건강(Reproductive Health) 없이 산모가 건강할 수는 없다. 생식 건강은 피임과 가족계획, 합법적이고 안전한 낙태에 다가갈 권리를 아우른다.

– 힐러리 클린턴 전 미국 국무장관, 2010년도 발언

입양 보낼 수 있습니다. 낙태가 피임의 또 다른 수단으로 사용될 수도 있지요. 일부 국가에서는 남자아이를 선호하기 때문에 종종 태아의 성별을 확인하고 낙태를 결정하기도 합니다. 낙태에 반대하는 사람들은 태어나지 않은 아이의 삶에 대한 권리는 다른 모든 인간과 동일하다고 주장합니다. 아이의 삶을 끝내는 것은 살인이나 마찬가지라는 것입니다. 낙태는 나중에 출산 합병증이나 질병을 일으킬 수도 있습니다.

- 사회 전체적으로 가족계획은 출생률을 통제하는 데 중요한 역할을 한다. 가족계획에 대한 교육이 매우 중요하다. 오늘날 피임은 유엔과 세계보건기구(WHO)의 지원을 받는다.
- 1979년부터 인구 문제를 우려한 중국 정부는 부모들에게 한 자녀만 갖도록 하는 법을 제정했다. 부모에게 선택을 강요했다는 사실은 인권 침해로 간주되었고, 국제적으로 비판을 받았다. 중국은 2016년부터는 두 자녀 정책을 시행하고 있다.
- 생식권은 가족계획, 피임, 낙태, 성교육, 건강 관리에 대한 권리다. 생식권은 인구 조절에 대해 윤리적, 종교적 관점에서 논의할 핵심 질문을 끄집어낸다.
- 낙태는 전 역사에 걸쳐 있었지만, 낙태에 대한 사회의 사고방식은 시대와 지역에 따라 다르다.

5장 미래 세계

유전학은 인구에 큰 영향을 미칠 수 있는 과학 분야 중 하나이며, 사람들에게 인간이라는 존재가 무엇을 의미하는지 질문하게 합니다. **DNA**라고 불리는 화학 물질로 만들어진 유전자는 부모로부터 아이에게 생명을 위한 프로그래밍을 전달합니다.

❙ 이 이미지는 DNA 분자의 꼬인 가닥을 보여 준다. 두 가닥 사이에는 교량이 있으며, 이 교량의 순서가 사람의 유전적 구성을 결정한다.

인간은 각각 약 2만 개의 유전자를 가지고 있으며, 이것들은 모든 유용한 정보를 알려주는 동시에 유전성 질병을 유발할 수도 있습니다.

의사가 '나쁜' 유전자를 '좋은' 유전자로 대체할 수만 있다면 유전 질환을 예방하거나 치료할 수 있습니다. 과학자들은 이 유전자 치료법을 개발하기 위해 부단히 노력하고 있습니다. 암이나 **면역** 체계의 문제를 다루는 몇몇 실험은 유망한 듯 보입니다. 그러나 윤리적인 우려도 큽니다. 어떤 사람들은 미래의 자녀가 가졌으면 하는 유전자를 선택하고자 해요. 그것은 절대 가능해선 안 되며, 그렇게 하려다가 유전자를 훼손할 수도 있습니다. 도덕적인 문제 역시 유발하지요. 부유한 사람들이 돈을 들여 자녀들에게 더 많은 이점을 제공하는 것이 사회적인 차원에서 우리가 정말로 원하는 일일까요?

과학자들은 인간을 **복제**할 수 있을까요? 복제는 이미 양과 같은 다른 동물들에게 이루어졌습니다. 인간에게도 가능할까요? 유전 연구는 모든 종류의 기회뿐 아니라 수많은 덫도 설치해두었습니다. 유전 공학이 일부 사람들에게 너무 많은 힘을 실어 주지는 않을까요? 1932년 올더스 헉슬리(1894~1963)는 《멋진 신세계(Brave New World)》라는 소설을 펴냈습니다. 그는 자연 재생산이 허용되지 않는 미래 세계를 그렸습니다. 인간 배아는 부화장에서 자랍니다. 가장 낮은 사회 계층이 복제되고, 상급 계층을 제외한 모든 계층은 화학 물질로 인해 지능이 낮아집니다. 과연 이런 미래가 정말로 올까요? 아니면 단지 경고용으로 쓴 악몽과도 같은 이야기일 뿐일까요?

모두 함께

앞으로 100년 동안 인구 증가는 피할 수 없습니다. 인구는 계속해서 가파른 상승 곡선을 그릴 것입니다. 다음 세기 초에 최고점에 도달하고, 이후로

▌세계에서 가장 부유한 사람들은 그들이 원하는 모든 시설과 충분한 공간을 갖춘 집에서 살수 있다. 이 집은 미국 텍사스에 있다.

는 떨어질 것으로 전망됩니다. 우리는 인구 증가가 단순히 숫자의 문제가 아니라는 것을 보아 왔습니다.

인구 증가는 관련 사안의 복잡한 매듭 가운데 하나의 가닥일 뿐입니다. 인구 증가와 관련된 사안에는 기후 변화, 환경, 세계 경제와 빈곤, 정치, 갈등과 전쟁, 이주, 지속 가능한 자원, 농업과 식량, 새로운 과학 기술, 인구 조절과 **유전학** 등이 포함됩니다. 앞으로의 과제는 엄청납니다. 쉽고 빠르게 해결할 수 있는 간단한 묘책은 없습니다. 인내심과 결단력을 가지고 오랜 시간에 걸쳐 바늘땀을 풀듯이 주의를 기울여야 합니다.

인류가 지금까지 인구통계학, 기후 과학 그리고 조치에 필요한 다른 많은 분야를 포함해 이토록 잘 이해했던 적은 없었습니다. 하지만 인류가 잘하지 못하는 것이 있습니다. 서로 협력하는 것입니다. 세계화가 많이 진행되었음에도 전쟁이 멈추지 않아 인류의 진보가 방해받고 있습니다. 우리는 중세 시대처럼 대규모 죽음과 기근으로 인구를 조절하고 싶지 않습니다. 우리는 인권을 존중하면서 인구를 관리해야 합니다. 인권은 이주에서부터 빈곤 퇴치, 교육을 받을 권리의 개선에 이르기까지 모든 인구 문제의 핵심입니다. 인구란 곧 인간을 의미합니다.

보편적인 권리

1948년 12월 10일, 유엔 총회에서는 세계인권선언이 채택되었습니다. 2차 세계대전의 끔찍한 비극 이후 세계인권선언은 전 세계 모든 사람의 자유와 행복을 위한 긍정적인 계획을 세우려는 첫 번째 시도였습니다. 인권은 세계 인구 위기를 효과적으로 다루는 본질이기도 합니다. '보편적'이라는 것은 이 권리가 선언의 정신에 반하는 경우를 제외하고는 모든 사람에게 적용되어야 한다는 것을 의미합니다.

세계인권선언은 평등을 지지하며, 그가 누구인지에 상관없이 모든 사람에게 적용되어야 합니다. 세계인권선언은 생명권, 자유, 사회 보장, 사회운동의 자유, **비호권**, 자유롭게 결혼하고 가정을 꾸릴 권리, 일할 권리를 지지합니다. 세계가 효율적이고 공정하게 기능하고, 인구 수준이 안정화되려면 모든

전문가 의견

사람의 인권을 부인하는 것은 곧 인간성에 도전하는 것이다.
– 넬슨 만델라(1918~2013) 전 남아프리카공화국 대통령(재임 1994~1999), 1990년도 발언

알아 두기

세계인권선언 30조 가운데 1조에서 10조까지

제1조

모든 인간은 태어날 때부터 자유로우며 그 존엄과 권리에 있어 동등하다. 인간은 천부적으로 이성과 양심을 부여받았으며 서로 형제애의 정신으로 행동하여야 한다.

제2조

모든 사람은 인종, 피부색, 성, 언어, 종교, 정치적 또는 기타의 견해, 민족적 또는 사회적 출신, 재산, 출생 또는 기타의 신분과 같은 어떠한 종류의 차별이 없이, 이 선언에 규정된 모든 권리와 자유를 누릴 자격이 있다. 더 나아가 개인이 속한 국가 또는 영토가 독립국, 신탁통치 지역, 비자치지역이거나 또는 주권에 대한 여타의 제약을 받느냐에 관계없이, 그 국가 또는 영토의 정치적, 법적 또는 국제적 지위에 근거하여 차별이 있어서는 아니 된다.

제3조

모든 사람은 생명과 신체의 자유와 안전에 대한 권리를 가진다.

제4조

누구도 노예 상태 또는 예속 상태에 놓이지 아니한다. 모든 형태의 노예제도와 노예 매매는 금지된다.

제5조

어느 누구도 고문, 또는 잔혹하거나 비인도적이거나 굴욕적인 처우 또는 형벌을 받지 아니한다.

제6조

모든 사람은 어디에서나 법 앞에 인간으로서 인정받을 권리를 가진다.

제7조

모든 사람은 법 앞에 평등하며 어떠한 차별도 없이 법의 동등한 보호를 받을 권리를 가진다. 모든 사람은 이 선언에 위반되는 어떠한 차별과 그러한 차별의 선동으로부터 동등한 보호를 받을 권리를 가진다.

제8조

모든 사람은 헌법 또는 법률이 부여한 기본적 권리를 침해하는 행위에 대하여 권한 있는 국내 법정에서 실효성 있는 구제를 받을 권리를 가진다.

제9조

누구도 자의적으로 체포, 구금 또는 추방되지 아니한다.

제10조

모든 사람은 자신의 권리, 의무 그리고 자신의 형사상 혐의에 대한 결정에 있어 독립적이며 공평한 법정에서 공정하고 공개된 재판을 완전히 평등하게 받을 권리를 가진다.

권리가 존중받아야 합니다.

어떤 사람들은 세계인권선언이 원칙적으로는 훌륭하지만, 미사여구에 지나지 않는다고 말합니다. 그렇지만 세계인권선언은 많은 국제 조약의 일부가 되었습니다. 세계인권선언은 법이라기보다는 목표입니다. 그리고 세계인권선언이 지지하는 인권은 지켜져야 할 충분한 가치가 있는 것입니다.

간추려 보기

- 유전학은 인구에 큰 영향을 미칠 수 있는 과학 분야 중 하나이며, 사람들에게 인간이라는 존재가 무엇을 의미하는지 질문하게 한다.
- 유전자 치료법은 질병을 퇴치하거나 예방하는 데 도움이 될 수 있지만 오용될 수도 있다.
- 인구 증가와 관련된 사안에는 기후 변화, 환경, 세계 경제와 빈곤, 정치, 갈등과 전쟁, 이주, 지속 가능한 자원, 농업과 식량, 새로운 과학 기술, 인구 조절과 유전학 등이 포함된다.
- 우리는 인권을 존중하면서 인구를 조절해야 한다. 인권은 이주에서부터 빈곤 퇴치, 교육을 받을 권리 개선에 이르기까지 모든 인구 문제의 핵심이다.

용어 설명

가족계획 개인이 얼마나 많은 자녀를 언제 어떻게 가질지 선택하는 것.

경제적 이민자 빈곤을 피하거나 직업을 구하기 위해 다른 나라로 이주한 사람들.

공중 보건 전체 인구의 일반적인 건강.

기후 변화 지구의 장기적인 기상 상태 변화.

난민 일반적으로 전쟁, 박해, 자연재해로 집이나 나라를 떠나게 된 사람.

내전 한 나라에 있는 집단 간의 전쟁.

다국적 기업 여러 국가에 기반을 두고 국제적으로 운영되는 기업.

도시화 시골에서 도시로 사람들이 이동하는 것.

면역 백신을 주사해 질병으로부터 사람들을 보호하는 것.

멸종 살아 있는 종이 사라지는 것.

복제 동일한 생명체를 만들기 위해 인공적으로 세포와 조직을 똑같이 만들어 내는 것.

불임 시술 수술이나 화학 치료로 임신을 불가능하게 만드는 것.

비호권 국가가 자국 영역 내에서 외국인에게 부여하는 영토적 비호권과, 외교공관 등이 도망자를 숨겨 주는 외교적 비호권이 있다. 그 밖에 전시에 중립국으로 도망쳐 온 군대·군함·군용항공기 등에 대하여, 중립국은 어느 정도의 비호를 할 수 있다.

산성화 해수와 같은 물질의 산 농도가 증가하는 것.

생식권 개인이 자녀를 갖거나 갖지 않을 권리, 성교육 및 보건 서비스에 접근할 수 있는 권리, 임신을 막거나 끝낼 권리.

생태계 환경 내에 살아 있는 것들의 상호작용적 네트워크.

세계화 국가보다는 기업과의 계약에 기초
해 세계 경제가 창출되는 것.

스모그 연기, 오염 물질, 기타 배출물이 혼
합된 독성 물질로 도시의 대기를 혼탁
하게 한다.

아프리카의 뿔 아라비아해로 돌출되어 있
는 동아프리카의 반도. 아프리카 대륙
의 가장 동쪽에 자리 잡고 있다. 코뿔소
의 뿔과 닮아서 '아프리카의 뿔'이라고
불린다. '아프리카의 뿔'에 속한 나라는
에리트레아, 에티오피아, 소말리아, 지
부티 등이다. 넓게 수단과 케냐를 포함
하기도 한다. 약 8천만 명이 거주하고
있다.

안정화 꾸준히 평형을 유지하는 것.

우생학 인간 개체의 유전적 품질을 선택적
번식으로 '개선'할 필요가 있다는 믿음.

유목민 정착할 집 없이 한 곳에서 다른 곳
으로 옮겨야 하는 삶의 방식을 따르는
민족. 유목민에는 사냥꾼과 채집인, 양
치기, 가축 목동, 상인이 포함됨.

유전학 유전자와 한 세대에서 다음 세대로
의 형질 전이 방법에 관한 과학적 연구.

윤리 도덕적 원칙에 따라 옳고 그름을 지각
하는 것.

이민 자신의 나라에서 다른 나라로 이주하
는 것.

이주민 무슨 이유로든 일시적 또는 영구적
으로 다른 지역이나 국가로 이주하는
사람.

인구 밀도 단위 면적 내에 거주하는 인구수
의 비율.

인구 조사 공식적으로 인구를 계산하고 사
람들에 대한 정보를 수집하는 것.

인구 증가율 예를 들어 1년에 2퍼센트처럼
특정 기간 내에 전체적으로 인구가 증
가한 비율.

인신매매범 강제 노동, 성 노예, 불법 이주
로 이득을 취하기 위해 사람들을 착취
하는 범죄자.

인종 외모, 조상, 문화로 인간을 분류한 것.

인종차별주의 인간은 인종으로 분류될 수
있으며, 일부 인종이 다른 인종보다 우
월하다는 신념.

자본주의 개인 소유, 이익, 경쟁에 기반을 두는 경제 체제.

자유 시장 정부 규제가 거의 없이 시장 가치에 기반을 두는 무역 체제. 개인의 경제활동의 자유가 최대한으로 보장된 시장. 자유 시장에서는 수요와 공급이 일치하는 점에서 가격이 결정된다.

주주 돈을 투자해 주식을 가지고 직간접으로 회사 경영에 참여하는 사람.

지속 가능 장기간 유지가 가능한 것.

진화 살고 있는 환경에 적응하면서 유기체로서 점진적으로 변화하는 것.

출생률 1년에 1천 명당 몇 명처럼 특정 장소와 시간대의 총인구 중 출산 비율.

태아 태어나기 전에 자궁에서 자라는 아기.

판자촌 대도시 주변에 아무렇게나 임시로 조성된 주택.

편견 사실을 충분히 고려하지 않은 채 이미 불리한 의견이 형성된 것.

환금 작물 농부나 지역 사회를 위해서보다는 상업적으로 재배되는 작물.

DNA 데옥시리보핵산(Deoxyribonucleic acid). 생명과 유전을 프로그래밍하는 유전자를 구성하는 물질.

연표

1300년대   흑사병으로 1340년대부터 1350년대까지 아시아와 유럽이 황폐해졌다. 흑사병으로 적게는 8,500만 명에서 많게는 3억 명이 사망했다.

1798년   맬서스의 인구론이 발표되었다. 수확체감의 법칙에 따라 식량은 산술급수적으로 증가하는 데 비해, 인구는 기하급수적으로 증가해 인구 과잉, 식량 부족 문제가 발생한다는 이론.

1800년   세계 인구가 10억 명을 돌파했다.

1948년   2차 세계대전의 끔찍한 비극 이후 1948년 유엔 총회에서 세계인권선언이 채택되었다. 인권은 세계 인구 위기를 효과적으로 다루는 데도 필수적인 개념이다.

1950년   유엔에서 훗날 유엔난민기구(UNHCR)가 된 난민 지원 기관을 설립했다.

1952년   인도 정부는 세계 최초로 인구 증가를 안정화하는 수단으로 가족계획을 장려했다.

1960년	세계 인구가 30억 명에 달했다. 1800년 10억 명에서 불과 160년 만에 3배가 늘었다.
1968년	전 세계 석학과 기업가, 정치인 등 지도자들이 모여 인류, 자원, 환경 등 지구의 미래를 연구하는 비영리 연구 기관 로마클럽(The Club of Rome)을 결성했다. 로마클럽은 1970년부터 2년 동안 진행한 '인류의 위기에 관한 프로젝트' 결과 보고서를 토대로 1972년 《성장의 한계(The Limits to Growth)》라는 책을 펴냈다.
1979년	인구 문제를 우려한 중국 정부가 1가족 1자녀 법을 제정했다. 이는 부모에게 선택의 여지를 주지 않는 인권 침해로 간주되었고, 국제적으로 비판받았다. 중국은 2016년부터 두 자녀 정책을 두고 있다.
1987년	유엔 브룬트란트 위원회에서 '지속 가능한 발전'이라는 개념을 국제 사회에 제시했다. 하나뿐인 지구의 과도한 개발을 제한해야 한다고 주장함으로써 미래 세대에 대한 기성세대의 책무를 새롭게 인식시키는 계기가 되었다.
2011년	시리아 전쟁 발발. 2011년 이래로 현재까지 시리아 전쟁은 인류의 대재앙이라고 할 만큼 세계적으로 심각한 영향을 미치고 있다.

2011년	인도에서 인구 조사를 시행한 결과 12억 1,085만 4,977명이 등록되었다. 이는 2001년 이래로 17.7퍼센트가 증가한 수치이다. 한편 2017년 중국의 인구는 13억 8,823만 3,000명으로 추산되었다. 2022년까지 인도는 중국을 따라잡아 세계에서 가장 인구가 많은 국가가 될 것으로 예상된다.
2014년	로마클럽이 1970년부터 2년 동안 데이터와 이론을 통합하기 위해 구축한 컴퓨터 모델 '월드 3'에 호주 멜버른대학교 연구자 그레이엄 터너가 업데이트된 변수를 넣어 결과를 다시 계산했다. 결과 예측은 크게 달라지지 않아 인류가 종말의 끝에 서 있다고 전망했으며, 최근 심각한 기후 변화로 그러한 연구 결과에 힘이 실리고 있다.
2015년	100만 명이 넘는 이민자와 난민이 유럽연합(EU)에 가입했다.
2016년	전 세계 인구의 거의 1퍼센트인 6,530만 명이 자신이 살던 곳에서 쫓겨나 실향민이 되었다. 대부분 아프가니스탄, 이라크, 시리아, 남수단, 아프리카의 뿔(아프리카 대륙 동쪽 지역), 리비아에서 일어난 전쟁 때문이다.
2016년	세계 인구가 74억 명에 달하게 되었다. 유엔은 세계 인구가 2050년까지 97억 명, 2100년까지 112억 명이 될 것으로 내다본다. 이렇게 인구 수가 정점을 찍고 나서 그 숫자가 계속 유지될 것으로 예상된다.

더 알아보기

로마클럽(The Club of Rome) www.clubofrome.org

1968년 정계, 재계, 학계 지도자가 이탈리아 로마에서 결성한 세계적 비영리 연구 기관이다. 인구, 자원, 환경 등 미래 연구에 주력한다. 연구 결과를 보고서 형식으로 발간한다. 1972년 경제 성장이 환경에 끼치는 영향을 설명한 보고서 《성장의 한계(The Limits to Growth)》를 통해 세계적인 주목을 받았다. 정치, 사상, 기업의 이해관계를 넘어 전 세계적인 변화를 이끄는 역할을 하는 것이 목적이다.

유엔난민기구(UNHCR) www.unhcr.or.kr

1951년 발족한 유엔 산하 기구로 국내·국제 분쟁이나 재해로 인한 난민의 보호와 구제, 자발적 귀국 알선 등을 한다. 자금은 각국 기부금으로 이루어진 난민 긴급 기금에서 지급된다. 제네바에 본부가 있다. 유엔 최초로 노벨평화상을 수상한 유엔 기구이다. 한국에서는 1986년 서울 아시안게임에서 이탈한 이란 역도선수 4명을 중개해 노르웨이로 출국 조치한 바 있다.

유엔 식량농업기구(FAO) www.fao.org

Food and Agriculture Organization of the United Nations. 1946년 설립된 국제
연합 산하 기구. 모든 국민의 영양 상태와 생활 수준을 향상하고 식량 생산과 분배
를 능률적으로 하는 것이 목적이다. 세계식량계획(WFP)과 함께 식량 원조와 긴급구
호 활동을 펼치며, 유엔개발계획(UNDP)과 함께 기술 원조를 확대하고 있다. 한국은
1949년에 가입했으며 한국전쟁 직후 많은 도움을 받았다.

찾아보기

내인생의책은 한 권의 책을 만들 때마다
우리 아이들이 나중에 자라 이 책이 '내 인생의 책'이라고 말할 수 있는 책을 만들고자 합니다.

세상에 대하여 우리가 더 잘 알아야 할 교양
65 **인구 문제** 숫자일까, 인권일까? (원제: POPULATION)

필립 스틸 글 | 정민규 옮김

초판 인쇄일 2019년 1월 28일 | 초판 발행일 2019년 2월 11일
펴낸이 조기룡 | 펴낸곳 내인생의책 | 등록번호 제10-2315호
주소 서울시 서초구 나루터로 60 정원빌딩 A동 4층
전화 (02) 335-0449, 335-0445(편집) | 팩스 (02) 6499-1165
편집 백재운 하빛 | 디자인 황경실

ISBN 979-11-5723-429-5 (44300)
      979-11-5723-416-5 (세트)

책값은 뒤표지에 있습니다. 잘못된 책은 구입처에서 바꾸어 드립니다.

이 도서의 국립중앙도서관 출판시도서목록(CIP)은 e-CIP 홈페이지(http://www.ml.go.kr/ecip)에서 이용하실 수 있습니다.
(CIP제어번호: 2018036223)

내인생의책에서는 참신한 발상, 따뜻한 시선을 가진 원고를 기다리고 있습니다. 원고는 내인생의책
전자우편이나 홈페이지를 이용해 보내 주세요. 여러분의 소중한 경험과 지식을 나누세요.

전자우편 bookinmylife@naver.com | **홈페이지** http://bookinmylife.com

어린이제품 안전 특별법에 의한 제품 표시
제조자명 내인생의책 | **제조 연월** 2019년 2월 | **제조국** 대한민국 | **사용연령** 5세 이상 어린이 제품
주소 및 연락처 서울시 서초구 나루터로 60 정원빌딩 A동 4층 (02) 335-0449 | **담당 편집자** 백재운

세더잘 64
은행의 음모 은행에 돈을 맡겨도 될까?
고정욱 지음

은행은 국민의 재산을 보호하고 국가 경제가 원활히 돌아가도록
통화량을 조절한다.
vs 은행은 인플레이션을 일으키고 남의 돈으로 자기 이익만 챙긴다.

은행은 어떻게 부를 장악했을까요?
돈은 왜 생겨났고, 신용은 왜 창안되었을까요?
통화발행권과 지급준비제도에 주목하여 은행의 음모를 파헤칩니다.

세더잘 63
통일 비용 부담일까, 투자일까?
김성호 지음

우리끼리도 먹고살기 힘든데 무슨 통일이야!
vs 통일 비용도 엄청나지만 분단 비용도 만만치 않거든?

북한과 국제 사회의 입장을 우리는 어떻게 이해해야 할까요?
분단을 극복한 타국의 사례에서 우리는 무엇을 배워야 할까요?
분단 비용과 통일 비용에 주목하여 남북통일의 득실을 헤아립니다.

세더잘 62
아파트 최선의 주거 양식일까?
남궁담 지음

우리는 왜 다들 아파트에 살고 싶어 할까? 아파트란 한국사회에 대체 어떤 의미일까?
수천 년을 거슬러 올라가는 아파트와 공동주택의 역사. 그리고 주택을 둘러싼 인류의
경제와 사회, 문화의 맥을 짚는다!

우리가 아파트에 사는 이유는 무엇일까요?
아파트는 표준적이고 합리적인 주거 양식이라고 하지만, 정말 최고의 집일까요?
우리의 삶의 지배적인 주거 양식인 아파트의 역사와 이면을 들여다봅니다

세더잘 61
돈의 전쟁 기축통화가 되기 위한 돈의 암투
송종운 지음

기축통화의 자리를 놓고 벌이는 총성 없는 전쟁.
누가 전 세계적으로 통용되는 기축통화로 부상할 것인가.
경제 패권을 차지하기 위한 세계 각국의 치열한 투쟁은 이미 시작되었다.

돈의 전쟁은 자국의 화폐를 전 세계적으로 통용되는 기축 통화로 만들기 위한 싸움입니다.
왜 많은 선진국들은 자신의 화폐를 기축통화의 지위에 올리려 할까요?